Champagner & Co.

CHAMPAGNE
MERCIER

Jonathan Ray

Champagner & Co.

nicolai

Titel der englischen Originalausgabe:
Bubbly

Aus dem Englischen von
Corina von Trotha

Satz: LVD GmbH, Berlin

Druck und Bindung:
Toppan Printing Co., China

ISBN 3-87584-163-8

Inhalt

CHAMPAGNE
Cuvée
Joséphine
Joseph Perrier fils & Cie

Schaum-
schlägerei?

Im Grunde ist es ja nichts weiter als vergorener Traubensaft mit etwas Kohlensäure. Aber was wäre ein Fest ohne dieses unvergleichliche Plop und dann dieses Perlen, Prickeln, Schäumen ...

MOËT
BRUT IMPÉRIAL
MOËT & CHANDON
CHAMPAGNE

Der Begriff »Schaumwein« bezeichnet alle Weine, die Kohlensäure enthalten. Der berühmteste unter ihnen ist der Champagner. Und der hat es in sich: Er wurde in Gedichten gerühmt und in Liedern besungen, er ist ein Synonym

EINLADUNG ZUM FEIERN

für Festlichkeit und Lebensfreude. Mit Champagner heißen wir Neugeborene willkommen, feiern wir Siege, begrüßen wir das Neue Jahr. Und was sollten die Playboys dieser Welt aus den Schuhen junger Starlets trinken, wenn nicht prickelnden Champagner? Champagner passt zu

allen Gelegenheiten. Einfach die Flasche entkorken, und jede Begegnung wird zur Party. Auf die Frage, wann sie zum Champagner greife, gab Madame Lily Bollinger die unschlagbare Antwort: »Ich trinke Champagner, wenn ich glücklich bin, und wenn ich traurig bin. Manchmal trinke ich davon, wenn ich allein bin, in Gesellschaft geht es gar nicht ohne. Wenn ich keinen Hunger habe, mache ich mir mit ihm Appetit, und wenn ich hungrig bin, lasse ich ihn mir schmecken. Sonst aber rühre ich ihn nicht an – außer, wenn ich Durst habe.«

CUVÉE
MUMM
NAPA

GREEN POINT

Nur ein bisschen Geschichte

Franzosen werden es nicht gerne hören – aber es spricht einiges dafür, dass die Briten den Champagner erfunden haben.

TAITTINGER
REIMS

CHAMPAGNE
RUINART
PÈRE ET FILS
RHEIMS

CHAMPAGNE
G.H.MUMM&C

Bis zum Ende des 17. Jahrhunderts wurde in der Champagne nur stiller Wein erzeugt. Das dünne französische Glas hätte sich für Schaumweinflaschen auch gar nicht geeignet, und Korkstopfen waren noch nicht erfunden. Die Engländer hingegen waren da schon weiter. Sie stellten dickwandige Flaschen her,

die sie mit Naturkork verschlossen. Außerdem ist belegt, dass die Engländer importierte Weine – vor allem die aus der Champagne – mit Zucker versetzten, um sie zum Moussieren zu bringen – und das gut zwanzig Jahre, bevor die Winzer in der Champagne herausgefunden hatten, wie man aus Wein Schaumwein macht. Andere wiederum behaupten, dass es mit dem Blanquette de Limoux in Südfrankreich ganze 150 Jahre vor der Erfindung des Champagners bereits einen feinen Schaumwein gegeben habe. Wo und wie der Champagner auch immer erfunden wurde, es stellte sich bald heraus, dass Boden, Klima und Traubensorten in der Champagne für die Erzeugung von Schaumweinen ideal waren. Und auch wenn moussierende Weine heute auf der ganzen Welt erzeugt werden, von Argentinien bis England und von Indien bis Neuseeland – »Champagner« darf sich nur ein Getränk nennen, das in der Region gleichen Namens nach der berühmten *Méthode champenoise* aus den Traubensorten Chardonnay, Pinot Meunier und Pinot Noir hergestellt wird.

Die Champagne ist das nördlichste Weinbaugebiet Frankreichs. Die Trauben reifen hier unter schwierigen klimatischen Bedingungen; sie haben deshalb einen hohen Säuregehalt und kein sonderlich ausge-

EIN HAUCH VON LUXUS

prägtes Aroma – eine ideale Voraussetzung für den herben, eleganten Geschmack. Anders als in Amerika oder Australien können sich in Frankreichs Norden strenger Frost und Hagelstürme verheerend auf die Qualität ganzer Jahresernten auswirken. Daher werden 80 % jeder Ernte

CHAMPAGNE
Muselet EPARNIX®
PERRIER

AUSTRALIA

mit Weinen anderer Jahrgänge verschnitten. Nur ein Bruchteil der gesamten Schaumweinproduktion ist Champagner. Dennoch werden Jahr für Jahr 320 Millionen Flaschen davon getrunken – ein Zeichen für seine große Beliebtheit.

Schaumwein wird aus den unterschiedlichsten Rebsorten gewonnen: Chenin Blanc, Muscat, Müller-Thurgau, Aligoté, Clairette, Riesling oder Pinot Blanc. Für echten Champagner dürfen jedoch nur Chardonnay-Trauben (die Grundlage für **Blanc de Blancs**) und zwei rote Traubensorten verwendet werden: Pinot Noir, die Traube der berühmten roten Burgunder, und Pinot Meunier, eine der Pinot Noir nah verwandte Traube, die anderenorts selten zu finden ist, hier jedoch sehr geschätzt wird, da sie dem Champagner seine besondere Frucht und Säure verleiht. Auch aus diesen beiden roten Trauben lässt sich übrigens – ohne Zugabe von Chardonnay – ein weißer Champagner gewinnen, der **Blanc de noirs**.

BRUT ROSE
Champagne
Brut Rosé

Warum Schaumwein schäumt

Die Méthode champenoise, die Flaschengärung, ist das aufwendigste Verfahren, um moussierenden Wein zu erzeugen. Fast alle Schaumweine der Spitzenklasse und alle Champagner werden auf diese Weise hergestellt.

Die Trauben werden gelesen und gekeltert. Den dabei gewonnenen Most lässt man anschließend in Edelstahltanks gären, manche Winzer verwenden hierzu auch Eichenfässer. Nach dieser ersten Gärung werden die Weine (die aus verschiedenen Jahren, Lagen und Sorten stammen können) verschnitten. Vor der Abfüllung in Flaschen wird ein Gemisch aus Hefe, Zucker und Wein, die so genannte Fülldosage **(liqueur de tirage)**, zugesetzt; sie bewirkt eine zweite Gärung, bei der die feinen Perlen entstehen. Die Flaschen werden mit Kronenkorken verschlossen und bis zu drei Jahren liegend gelagert. Danach werden sie mit dem Hals schräg nach unten in so genannte »Rüttelpulte« gesteckt und täglich von Hand kurz gerüttelt **(Remuage)** und leicht gedreht, bis sie schließlich fast senkrecht stehen. Dabei setzt sich dann der Heferückstand aus der zweiten Gärung im Flaschenhals ab. Der Flaschenhals wird vereist, der Kronenkorken entfernt und der gefrorene Heferest durch den Flaschendruck herausgeschleudert **(Degorgieren)**. Vor dem Verkorken und Etikettieren der Flaschen wird eine Mischung aus Wein und Zucker, die so genannte Versanddosage **(Liqueur d'expédition)**, hinzugefügt **(Dosage)**.

Eine Alternative zur Flaschengärung ist die so genannte **Transvasion** oder **Filterenthefung**. Dabei wird nach der zweiten Gärung in der Flasche der gesamte Flascheninhalt unter Gegendruck in einen Großbehälter entleert. Dann wird der Wein gefiltert und in Flaschen abgefüllt. Dieses Verfahren ist vor allem in Amerika weit verbreitet. Es ist wesentlich billiger, da das zeitaufwendige Rütteln ebenso entfällt wie das teure Kühlen, Degorgieren und Auffüllen jeder einzelnen Flasche. Das Ergebnis sind ordentliche Schaumweine – allerdings ohne die Eleganz und Finesse, die nur die **Méthode champenoise** hervorbringt.

Cuvée Dom Pérignon
CHAMPAGNE
BOLLINGER
AY
FRANCE

Bei der **Großraumgärung** erfolgt die zweite Gärung nicht in der Flasche, sondern in einem versiegelten Tank. Nach diesem Verfahren wird der größte Teil des deutschen Sekts hergestellt. Der ist zwar auch gut, sein Perlen ist jedoch weniger fein und lässt schneller nach. Das billigste Ver-

WIE SCHAUM ENTSTEHT

fahren, Wein zum Schäumen zu bringen, ist die **Imprägnierung,** bei der Kohlensäure in den Wein »gepumpt« wird. Die großen Blasen entlarven solche Schaumweine schnell als minderwertige Produkte.

Für jeden etwas

Champagner ist ein kostspieliges Vergnügen – und das keineswegs immer zu Recht. Ein gut gemachter Schaumwein aus einer anderen Region ist einem billig produzierten Champagner allemal vorzuziehen.

Champagner wird im allgemeinen als Markenprodukt vertrieben, die berühmtesten Namen sind Bollinger, Gosset, Jacquesson, Krug, Moët & Chandon, Mumm, Pol Roger, Louis Roederer, Ruinart, Salon, Taittinger und Veuve Cliquot. Daneben fristen die Schaumweine aus anderen

EDLE PERLEN

Regionen Frankreichs fast ein Schattendasein – zu Unrecht: Der Crémant d'Alsace und der Crémant de Bourgogne können sich ebenso sehen lassen wie der Blanquette de Limoux aus dem Languedoc-Roussillon, die feinperligen Saumur und Vouvray aus dem Loiretal oder der Clairette de Die aus der Gegend um Grenoble.

Auch außerhalb Frankreichs gibt es schäumende Weine: Cava in Spanien, Sekt in Deutschland sowie Prosecco, Franciacorta und der herrlich süße Asti Spumante in Italien. Der beste Schaumwein Englands ist der vielfach preisgekrönte Nyetimber. Die größte Revolution in der Schaumweinproduktion fand jedoch in Übersee statt, wo heute nach der *Méthode champenoise* wunderbar prickelnde Getränke erzeugt werden: etwa der Quartet oder der Mumm Cuvée Napa aus Kalifornien, der Pelorus aus Neuseeland oder Seaview und Taltarni aus Australien. Sie sind alle einen Versuch wert!

SEAVIEW
BRUT
ROSÉ
AUSTRALIAN QUALITY SPARKLING WINE
BOTTLE FERMENTED
GREEN POINT
CUVÉE NAPA
MUMM
ROSÉ
ANGAS BRUT
BOTTLE FERMENTED
Premium Cuvée Rosé
QUALITY AUSTRALIAN SPARKLING WINE
750ML 11.5% VOL

Champagnerflaschen gibt es in den verschiedensten Größen: von der spektakulären Nebukadnezar, die drei ausgewachsene Menschen mit Mühe heben können, bis zur schicken Viertelflasche, aus der man in mondänen Nachtclubs den Champagner mit dem Strohhalm trinkt.

Viertelflasche 20 cl
Halbe Flasche 37,5 cl
Flasche 75 cl
Magnum 2 Flaschen
Jeroboam 4 Flaschen
Rehoboam 6 Flaschen
Methusalem 8 Flaschen
Salmanazar 12 Flaschen
Balthazar 16 Flaschen
Nebukadnezar 20 Flaschen

Dieses kleine Glossar soll Ihnen helfen, sich in der Champagner-Terminologie zurechtzufinden:

Blanc de blancs Weißwein, der ausschließlich aus weißen Trauben erzeugt wird
Blanc de noirs Weißwein, der ausschließlich aus roten Trauben erzeugt wird
Brut Sehr trocken
Crémant Leicht schäumender Wein
Demi-sec Süß
Doux Sehr süß
Extra brut Extra trocken
Extra dry Trocken
Extra Sec Trocken
Mousse Schaum, der sich bei Schaumwein nach dem Einschenken im Glas bildet
Mousseux Moussierend
Sec Halbtrocken
Millésimé Jahrgangschampagner. Gute Jahrgänge für Champagner: 1985, 1988, 1990, 1995, 1996.

Prosit!

Um die jungen Mädchen zu beeindrucken, sollen Napoleons Offiziere die Champagnerflaschen mit ihren Säbeln geköpft haben – zumindest, solange sie noch klar sehen konnten …

Rennfahrer begießen ihren Sieg bekanntlich mit viel Champagner, den sie verschwenderisch in die Menge verspritzen – zum Kummer der Winzer und zur Freude der Werbeabteilungen großer Champagnerhäuser. Der Druck im Inneren einer Champagnerflasche entspricht in etwa dem Reifendruck eines doppelstöckigen Busses. Da ist es kein Wunder, dass der Korken so leicht herausspringt und weit, weit fliegen kann … Der Rekord liegt bei über fünfzig Metern.

Wenn Sie nicht gerade einen Grand Prix gewonnen haben, öffnen Sie Ihren Champagner am besten so:

1. Entfernen Sie die Metallfolie und das Drahtkörbchen mit der Kapsel.
2. Halten Sie die Flasche leicht schräg, mit Ihrer kräftigeren Hand den Flaschenboden, mit der anderen den Korken.
3. Drehen Sie die Flasche vorsichtig. Halten Sie den Korken dabei fest (wenn Sie den Korken drehen, besteht die Gefahr, dass er herausspringt).
4. Drehen Sie den Korken unter Nutzung des Flaschendrucks langsam heraus. Dabei sollte es ein leichtes Blupp geben, keinen Knall. Ein lautes Geräusch würde nur ungebetene Gäste anlocken und den Neid Ihrer Nachbarn wecken.

Champagner servieren Sie am besten kühl, direkt aus einem kalten Keller oder nach einigen Stunden (nicht Tagen) im Kühlschrank. Oder kühlen Sie die Flasche in einem hohen Gefäß mit wenig Eis und viel Wasser. Beim Einschenken sollte der Flaschenbauch auf Ihren Fingern ruhen, während Sie mit dem Daumen in die Höhlung des Bodens fassen. Achten Sie bei einer besonders guten Flasche darauf, dass das Etikett nach oben zeigt, damit Ihre Gäste auch sehen, was sie trinken. Weniger gute Flaschen halten Sie diskret so,

KÜHL SERVIEREN

dass man genau das nicht sieht. Champagner ist nicht nur ein idealer Aperitif. Er passt auch gut zu Kaviar, Leberpastete, geräuchertem oder eingelegtem rohen Lachs, Austern oder Hummer. Süßer Schaumwein schmeckt wunderbar zu süßen Aufläufen, Obstkuchen und Erdbeeren mit Sahne. In einigen berühmt-berüchtigten Cocktails darf Champagner nicht fehlen, so zum Beispiel in folgenden:

Bellini: Zwei Teile Champagner, 1 Teil frischer Pfirsichsaft

Black Velvet: Ein Teil Champagner, ein Teil Guiness vom Fass

Buck's Fizz: Zwei Teile Champagner, ein Teil frischgepresster Orangensaft

Champagner Cocktail: 1 Glas Champagner mit einem in Brandy getränkten Zuckerwürfel und einem Spritzer Angostura

Death in the afternoon: Fünf Teile Champagner, ein Teil Pernod

Jojo: Zwei Teile Champagner, ein Teil frischer Erdbeersaft

Kir Royale: 1 Glas Champagner, Crème de Cassis nach Belieben

POL ROGER

Schaumwein serviert man in tulpenförmigen Gläsern oder eleganten Sektflöten, in denen sich das Spiel der Perlen ungehindert entfalten kann – im Gegensatz zu den flachen Champagnerschalen, aus denen der Schaum zu schnell verschwindet. Ein Sektquirl, mit dem die

PERLENDES VERGNÜGEN

Kohlensäure herausgerührt wird, ist ein Marterinstrument, das die mühevolle Arbeit des Winzers zunichte macht. Wenn Sie einen stillen Wein wollen, lassen Sie den Champagner stehen – er findet immer einen Liebhaber.

Dank

Peter Cassidy 1, 3–13, 17, 21 unten & rechts, 22–27, 35 (großes Bild), 37–39, 43–64
Champagne Mumm
18 rechts & 19
Ruinart Champagne 18 links
Alan Williams 2, 14, 21 oben links, 28–34, 35 (kleines Bild), 36, 40

Der Verlag und der Verfasser danken allen Geschäften und Privatpersonen für ihre Unterstützung bei den Aufnahmen zu diesem Buch.

Nützliche Adressen rund um Champagner & Co.:

Gräfliche v. Kageneck'sche Wein- und Sektkellerei GmbH
Kupfertorstraße 35
79206 Breisach

Henkell & Söhnlein Sektkellereien KG
Biebricher Allee 142
65187 Wiesbaden

Moët Hennessy Deutschland GmbH
Nymphenburger Straße 21
80335 München

Rotkäppchen Sektkellerei GmbH
Sektkellereistraße 5
06632 Freyburg

Schlumberger Wein & Sektkellerei GmbH
Heiligenstädter Straße 43
A – 1190 Wien

Sektkellerei Nymphenburg KG
Martin-Kollar-Straße 4
81829 München

Veuve Clicquot Import GmbH
Taunusstraße 21
65138 Wiesbaden

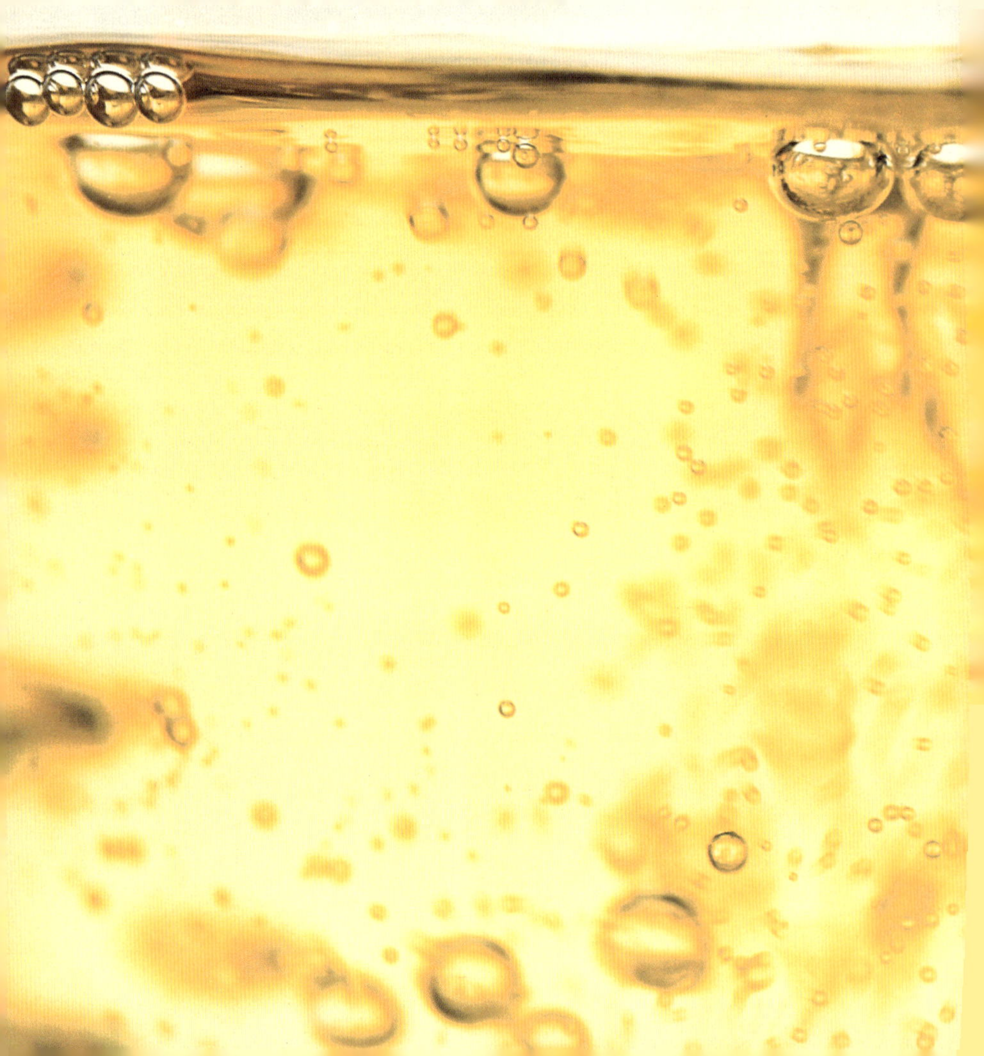